Impressum
Verlag: BABADADA GmbH, Nedderfeld 112 , 22529 Hamburg
Geschäftsführer / Verlagsleitung: Harald Hof
Druck: Books on Demand GmbH, In de Tarpen 42, 22848 Norderstedt

Imprint
Publisher: BABADADA GmbH, Nedderfeld 112 , 22529 Hamburg, Germany
Managing Director / Publishing direction: Harald Hof
Print: Books on Demand GmbH, In de Tarpen 42, 22848 Norderstedt

school
chikoro

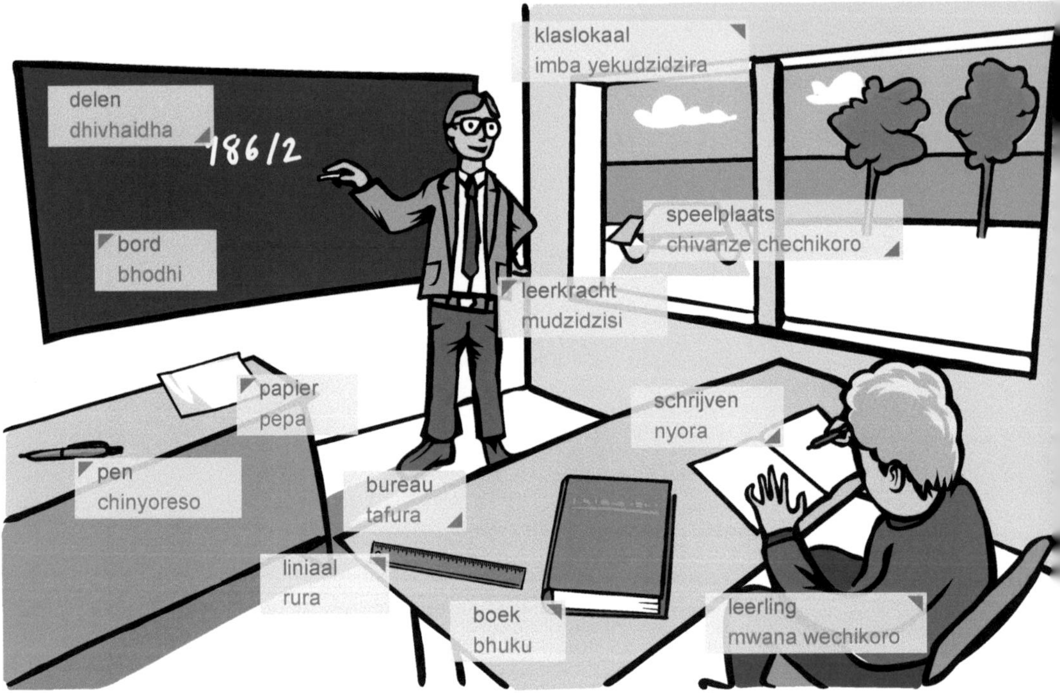
klaslokaal
imba yekudzidzira
delen
dhivhaidha
186/2
bord
bhodhi
speelplaats
chivanze chechikoro
leerkracht
mudzidzisi
papier
pepa
schrijven
nyora
pen
chinyoreso
bureau
tafura
liniaal
rura
boek
bhuku
leerling
mwana wechikoro

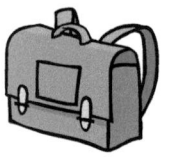

schooltas

bhegi

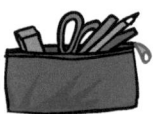

pennenzak

chekuchengetera mapenzura

potlood

penzura

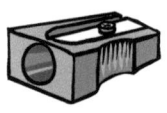

puntenslijper

chekurodzesa mapenzura

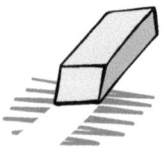

gom

rabha

tekenblok

bhuku rekudhirowera mifananidzo

tekening

mufananidzo wakadhirowewa

verfborstel

bhurasho rekupendesa

verfdoos

bhokisi rependi

schaar

chigero

lijm

guruu

werkboek

bhuku rekunyorera

huiswerk

basa rinoitirwa kumba

nummer

nhamba

optellen

sanganisa

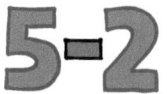

aftrekken

bvisa

vermenigvuldigen

wanziridza

rekenen

kakureta

letter

bhii

alfabet

arufabheti

woord

shoko

tekst

mashoko

Lezen

kuverenga

krijt

choko

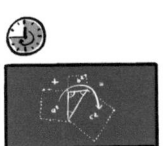

les

chidzidzo

klassenboek

bhuku remazita

examen

bvunzo

certificaat

setifiketi

schooluniform

yunifomu yekuchikoro

onderwijs

dzidzo

encyclopedie

encyclopedia

universiteit

yunivhesiti

microscoop

maikorosikopu

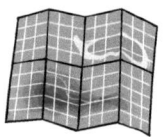

kaart

mepu

papiermand

bhini remapepa

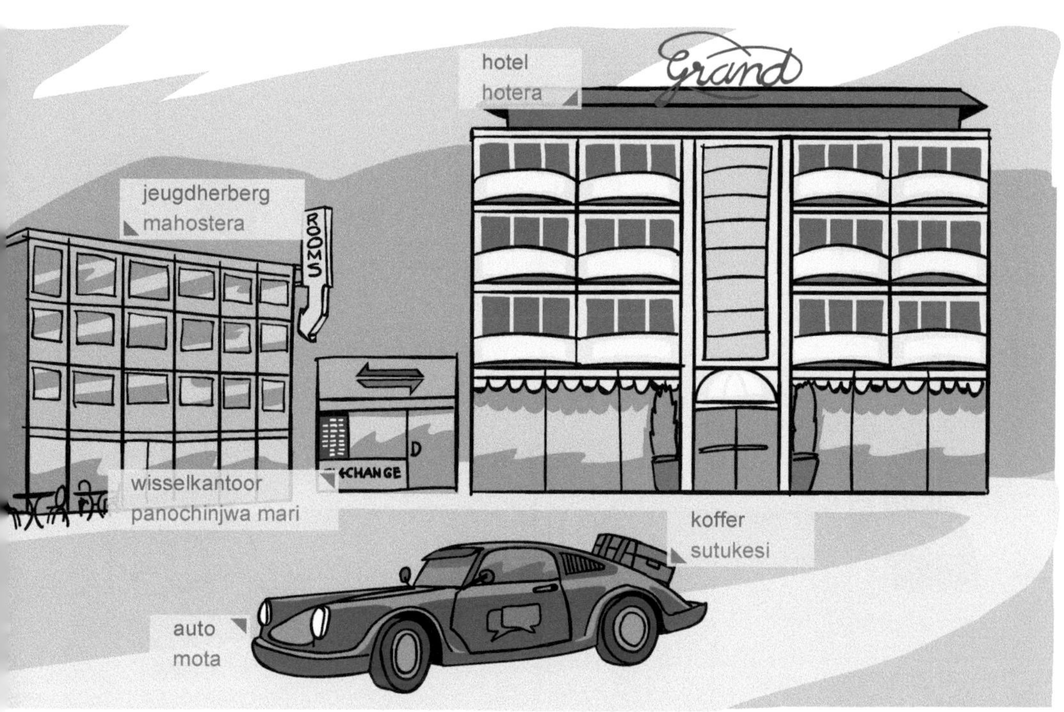

hotel
hotera
Grand
jeugdherberg
mahostera
ROOMS
wisselkantoor
panochinjwa mari
EXCHANGE
koffer
sutukesi
auto
mota

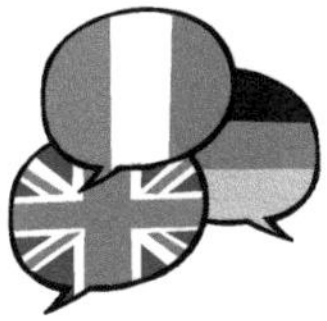

Taal

mutauro

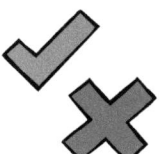

ja / nee

hongu / kwete

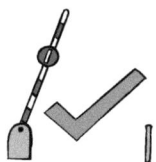

oké

Zvakanaka

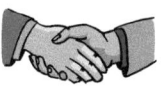

hallo

hesi

vertaler

mushanduri

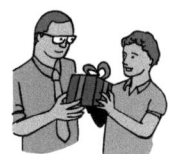

bedankt

Mazvita

Hoeveel kost ...?

Imarii... ?

Ik begrijp het niet

Handisi kunzwisisa

probleem

dambudziko

Goedenavond!

Manheru!

Goedemorgen!

Mangwanani!

Goedenavond!

Murare zvakanaka

Tot ziens

toonana

richting

mafambiro

bagage

katundu

zak

bhegi

rugzak

bhegi rekumusana

gast

muenzi

kamer

imba

slaapzak

bhegi rekurarira

tent

tendi

toeristeninformatie

mashoko evafambi

strand

mahombekombe

kredietkaart

kadhi rekubhengi

ontbijt

kudya kwemangwanani

lunch

kudya kwemasikati

avondeten

kudya kwemanheru

ticket

tiketi

lift

chikwidzo

postzegel

chitambi

grens

muganhu

douane

vanoona nezvekupinda
munyika

ambassade

vamiririri venyika

visum

vhiza

paspoort

pasipoti

transport
zvifambiso

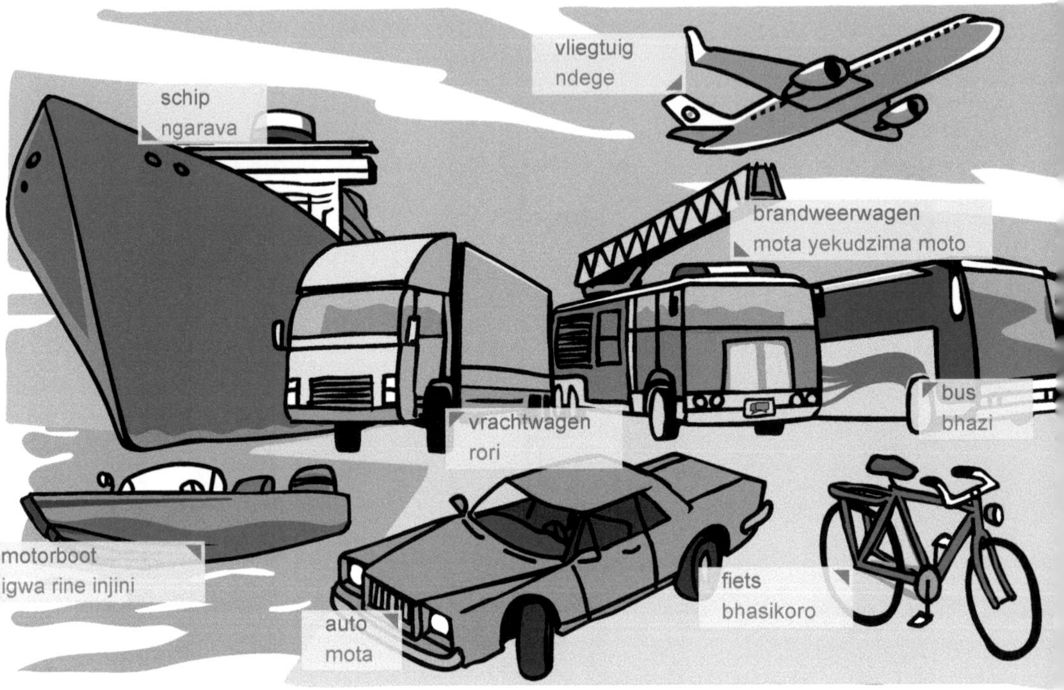

vliegtuig
ndege
schip
ngarava
brandweerwagen
mota yekudzima moto
bus
bhazi
vrachtwagen
rori
motorboot
igwa rine injini
fiets
bhasikoro
auto
mota

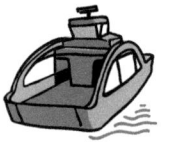

veerboot

igwa

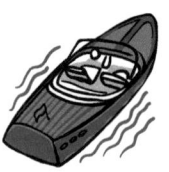

boot

igwa

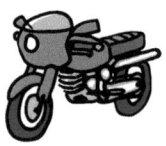

motor

mudhudhudhu

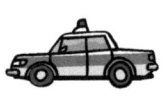

politiewagen

mota yemapurisa

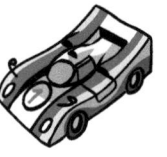

racewagen

mota yemujaho

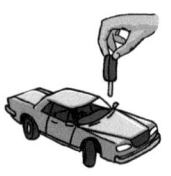

huurauto

mota yekuhaya

carpoolen

kuhaya mota

sleepwagen

mota inodhonza dzinenge dzafa

vuilniswagen

mota yemabhini

motor

injini

benzine

mafuta

benzinestation

garaji remafuta

verkeersbord

chikwangwani chemumugwagwa

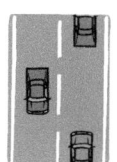

verkeer

mota

file

mota dzakawandisa

parkeerplaats

panopakwa mota

station

chiteshi chezvitima

sporen

njanji

trein

chitima

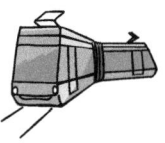

tram

tram

wagon

chitima

helikopter
chikopokopo

luchthaven
nhandare yendege

toren
nharire

passagier
mufambi

container
chikondena

karton
kadhibhodhi bhokisi

kar
ngoro

mand
bhasiketi

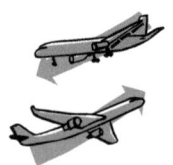

opstijgen / landen
simuka / mhara

stad

guta

dorp
musha

stadscentrum
pakati peguta

huis
imba

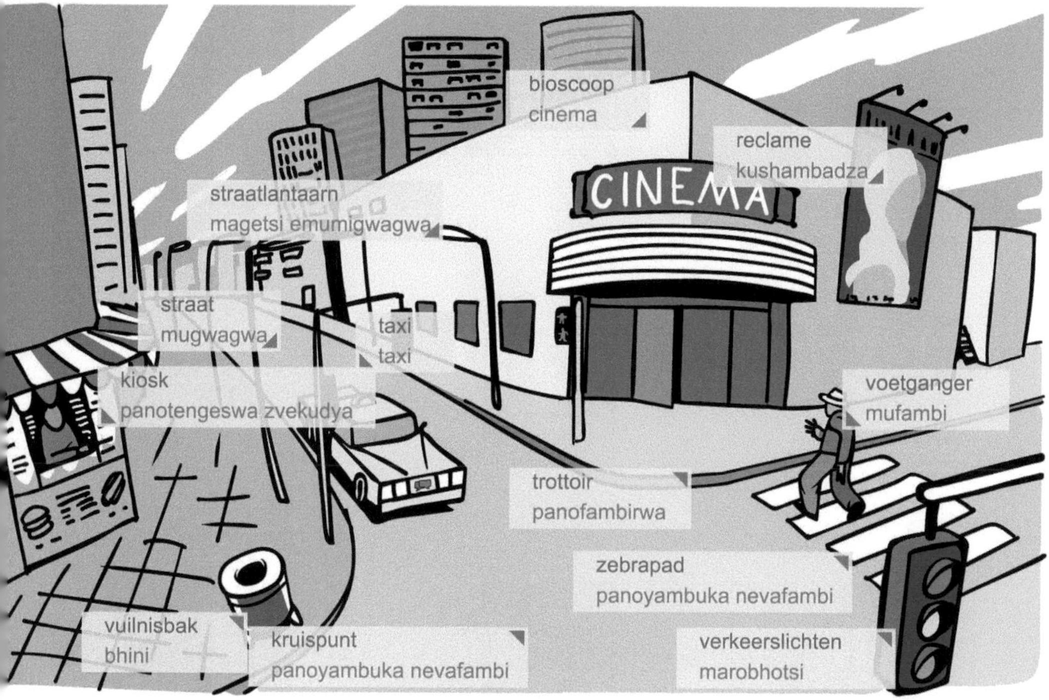

bioscoop
cinema
CINEMA
reclame
kushambadza
straatlantaarn
magetsi emumigwagwa
straat
mugwagwa
taxi
taxi
kiosk
panotengeswa zvekudya
voetganger
mufambi
trottoir
panofambirwa
zebrapad
panoyambuka nevafambi
vuilnisbak
bhini
kruispunt
panoyambuka nevafambi
verkeerslichten
marobhotsi

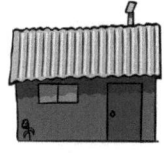

hut

imba

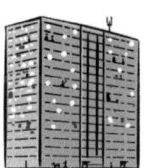

woning

mafurati

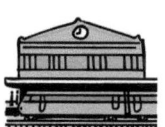

station

chiteshi chezvitima

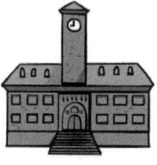

stadshuis

imba yeguta

MUSEUM

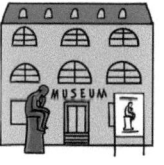

museum

muziyamu

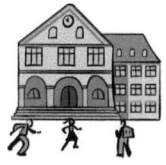

school

chikoro

universiteit

yunivhesiti

bank

bhengi

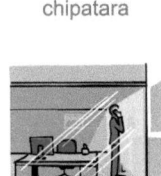

ziekenhuis

chipatara

hotel

hotera

apotheek

panotengeswa mishonga

kantoor

hofisi

boekwinkel

chitoro chemabhuku

winkel

chitoro

bloemenwinkel

panotengeswa maruva

supermarkt

supamaketi

markt

musika

warenhuis

chitoro chine
madhipatimendi

vishandelaar

panotengeswa hove

winkelcentrum

nzimbo ine zvitoro

haven

chiteshi chengarava

park
paki

bank
bhenji

brug
bhiriji

trap
masitepisi

metro
nzira inoenda nepasi

tunnel
mugwagwa wepasi

bushalte
panokwirirwa mabhazi

bar
bhawa

restaurant
resitorendi

brievenbus
bhokisi retsamba

straatnaambord
chikwangwani
chemugwagwa

parkeermeter
mita yekupaka

zoo
unochengeterwa mhuka

zwembad
kunotuhwinirwa

moskee
mosque

boerderij
purazi

milieuverontreiniging
kusvibisa

kerkhof
kumakuva

kerk
chechi

speelplaats
pekutambira

tempel
temberi

landschap

mamiriro akaita nzvimbo

blad
shizha

wegwijzer
chikwangwani

weg
nzira

weide
mafuro

steen
dombo

boom
muti

wandelaar
mufambi

rivier
rwizi

gras
uswa

bloem
ruva

vallei
mupata

heuvel
gomo

meer
dhamu

bos
sango

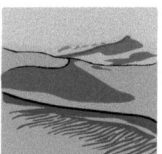

woestijn
gwenga

vulkaan
chikwatamabwe

kasteel
zimba

regenboog
muraraungu

paddenstoel
hohwa

palmboom
muchindwe

mug
umhutu

vlieg
nhunzi

mier
svosve

bijl
nyuchi

spin
buve

kever

chipembenene

kikker

datya

eekhoorn

tsindi

egel

nungu

haas

tsuro

uil

zizi

vogel

shiri

zwaan

swan

wild zwijn

nguruve yemusango

hert

nondo

eland

moose

dam

dhamu

windturbine

injini yemhepo

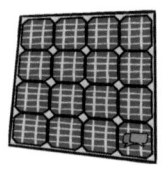

zonnepaneel

panero rezuva

klimaat

mamiriro ekunze

restaurant
resitorendi

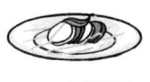

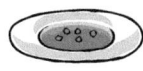

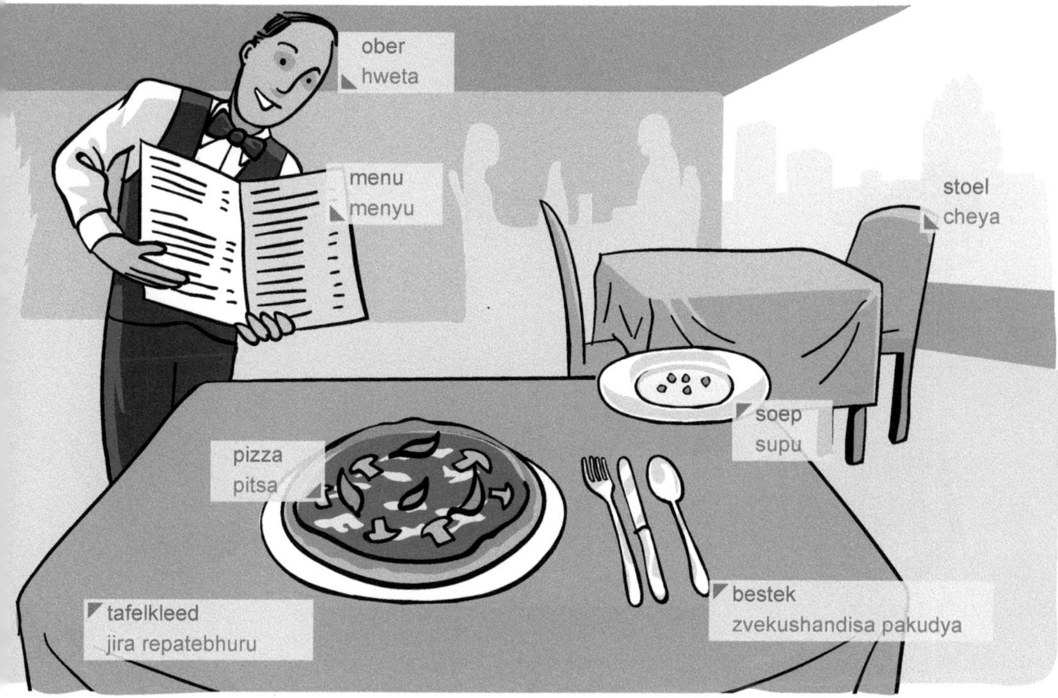

ober
hweta
menu
menyu
stoel
cheya
soep
supu
pizza
pitsa
bestek
zvekushandisa pakudya
tafelkleed
jira repatebhuru

voorgerecht
zvekusosa nzara

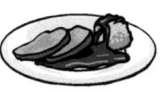

hoofdgerecht
zvekudya

nagerecht
zvekuseredzera

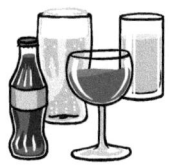

drankjes
zvekunwa

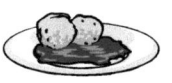

eten
zvekudya

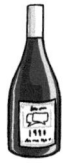

fles
bhodhoro

fastfood

zvekudya zvisingatori nguva kubika

street food

chikafu chinotengeswa munzira

theepot

tipoti

suikerpot

gabha reshuga

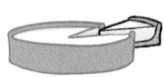

portie

chidimbu

espressomachine

muchina wekofi

kinderstoel

cheya yemwana

rekening

bhiri

dienblad

tureyi

mes

banga

vork

forogo

lepel

chipunu

theelepel

chipunu

serviette

zvekupukutisa muromo

glas

girazi

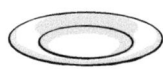

bord
ndiro

soepbord
ndiro yesupu

schoteltje
ndiro

saus
supu

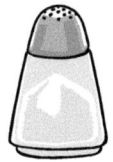

zoutvatje
chekuisira sauti

pepermolen
chekugaya mhiripiri

azijn
vhiniga

olie
mafuta

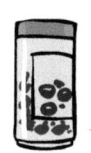

kruiden
masipaisi

ketchup
ketchup

mosterd
mustard

mayonaise
mayonaizi

supermarkt
supamaketi

aanbieding
zvaderedzwa mitengo
FOR
klant
mutengi
zuivelproducten
zvinogadzirwa nemukaka
fruit
michero
winkelwagen
chingoro

BUTCHERS

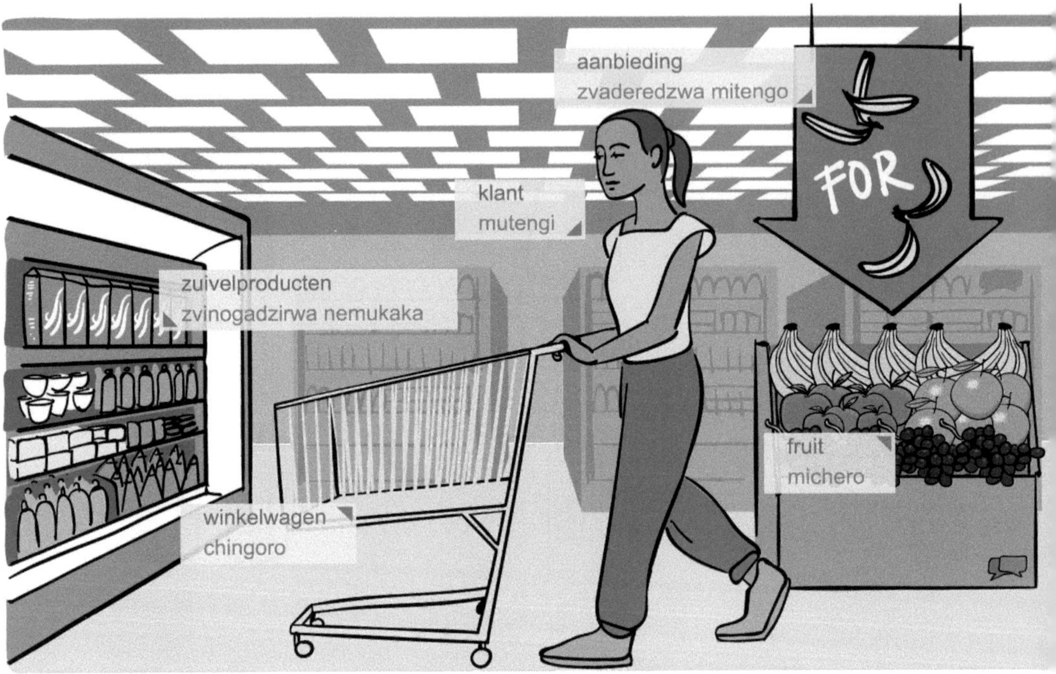

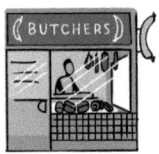

slagerij

panotengeswa nyama

BAKERY

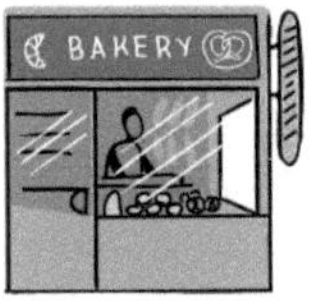

bakkerij

panotengeswa chingwa

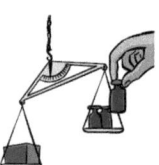

wegen

kuyera

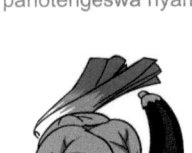

groenten

miriwo

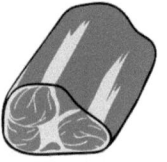

vlees

nyama

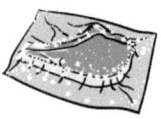

diepvriesvoedsel

zvekudya zvakaoma nechando

charcuterie

nyama yakatonhora

conserven

zvekudya zvemugaba

waspoeder

sipo yeupfu yekuwachisa

snoep

masuwiti

huishoudproducten

zvekushandisa mumba

schoonmaakproducten

zvekuchenesa nazvo

verkoopster

mutengesi

kassa

tiru

kassier

mutengesi

boodschappenlijstje

zviri kuda kutengwa

openingstijden

nguva dzekuvhura

portefeuille

chikwama

kredietkaart

kadhi rekubhengi

tas

bhegi

plastieken zakje

pepa rekuisira

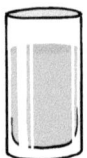

water

mvura

sap

muto wemichero

melk

mukaka

cola

coke

wijn

waini

bier

doro

alcohol

doro

cacao

cocoa

thee

tii

koffie

kofi

espresso

kofi

cappuccino

cappuccino

banaan

bhanana

appel

apuro

sinaasappel

orenji

meloen

nwiwa

citroen

ndimu

wortel

karotsi

knoflook

gariki

bamboe

mushenjere

ajuin

hanyanisi

champignon

hohwa

noten

nzungu

noodles

manoodle

spaghetti

spaghetti

rijst

mupunga

salade

saradhi

frieten

machipisi

gebakken aardappelen

mbatatisi dzakafuraiwa

pizza

pitsa

hamburger

chingwa chakaruma nyama

sandwich

sangweji

kalfslapje

nhindi

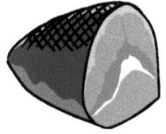

ham

ham

salami

salami

worst

soseji

kip

huku

braden

gochwa

vis

hove

havervlokken

bota reoats

muesli

muesli

cornflakes

macornflake

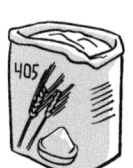

bloem

furawa

croissant

croissant

pistolet

chingwa

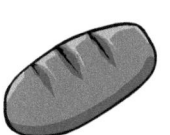

brood

chingwa

toast

chingwa chakagochwa

koekjes

mabhisikiti

boter

bhata

kwark

ige

taart

keke

ei

zai

spiegelei

zai rakafuraiwa

kaas

chizi

ijs

aizikirimu

suiker

shuga

honing

huchi

confituur

jemu

choco

chocolate yekuzora

curry

curry

boerderij
purazi

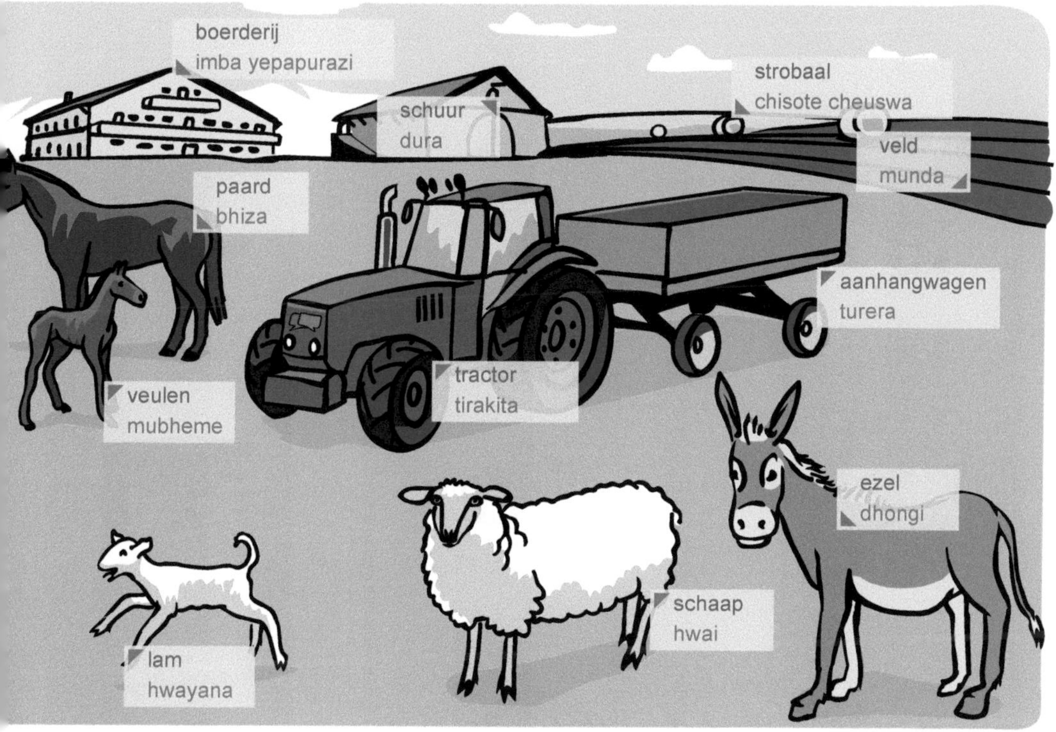
boerderij
imba yepapurazi
schuur
dura
strobaal
chisote cheuswa
veld
munda
paard
bhiza
aanhangwagen
turera
veulen
mubheme
tractor
tirakita
ezel
dhongi
schaap
hwai
lam
hwayana

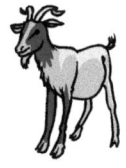

geit
mbudzi

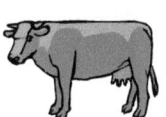

koe
mhou

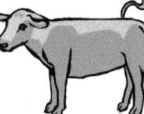

kalf
mhuru

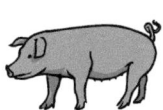

varken
nguruve

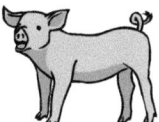

biggetje
chigwi

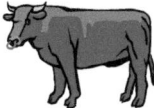

stier
bhuru

gans
dhadha

eend
dhakisi

kuiken
nhiyo

kip
tseketsa

haan
jongwe

rat
gonzo

kat
katsi

muis
mbeva

os
dhonza

hond
imbwa

hondenhok
imba yembwa

tuinslang
pombi yemvura

gieter
keni yekudiridzisa

zeis
jeko

ploeg
gejo

sikkel
jeko

schoffel
badza

hooivork
forogo

bijl
demo

kruiwagen
bhara

trog
chidyiro

melkkan
bhodhoro remukaka

zak
saga

hek
fenzi

stal
danga

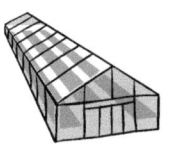

broeikas
greenhouse

bodem
ivhu

zaad
mbeu

mest
fetereza

maaidorser
mota yekukohwesa

oogsten
kukohwa

oogst
gohwo

yam
mbatatisi

tarwe
gorosi

soja
soya

aardappel
mbatatisi

maïs
chibage

koolzaad
rapeseed

fruitboom
muti wemichero

maniok
mufarinya

graan
mbesa

huis
imba

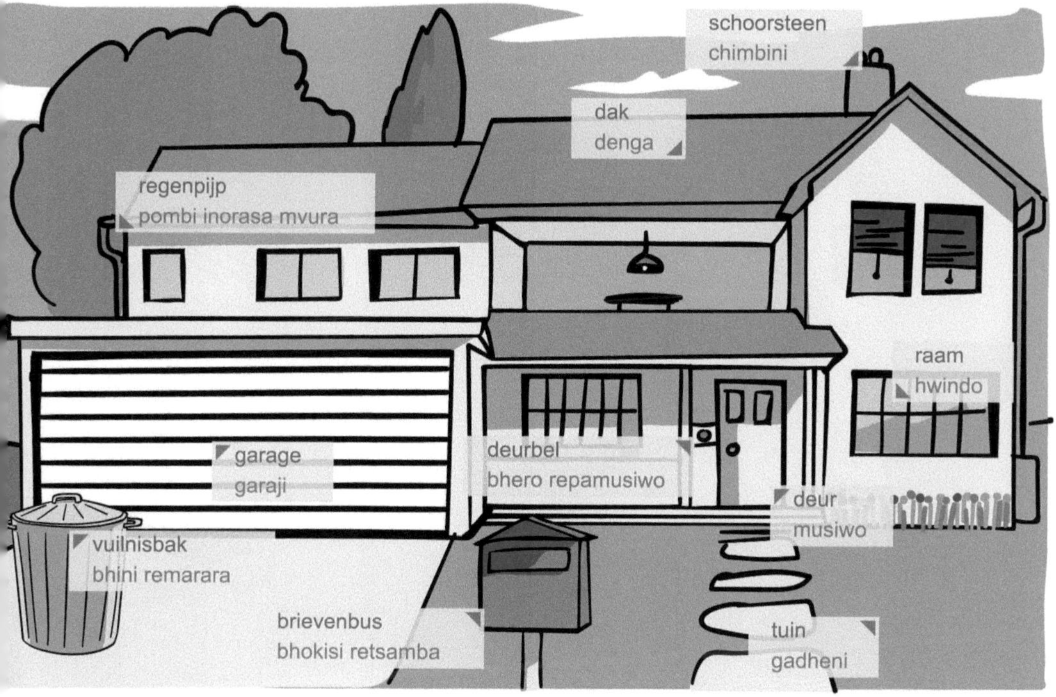

schoorsteen
chimbini
dak
denga
regenpijp
pombi inorasa mvura
raam
hwindo
garage
garaji
deurbel
bhero repamusiwo
deur
musiwo
vuilnisbak
bhini remarara
brievenbus
bhokisi retsamba
tuin
gadheni

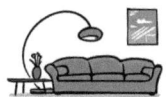

woonkamer

imba yekutandarira

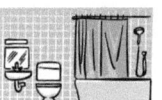

badkamer

mekugezera

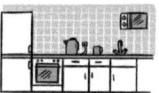

keuken

kicheni

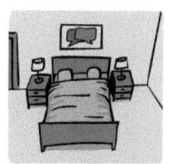

slaapkamer

imba yekurara

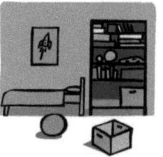

kinderkamer

imba yemwana

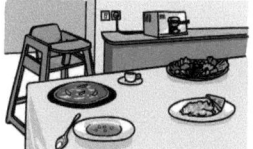

eetkamer

imba yekudyira

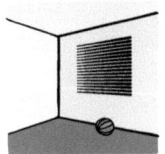

vloer

uriri

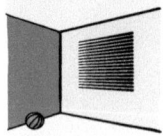

muur

madziro

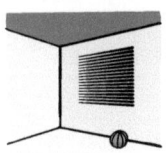

plafond

denga

kelder

imba yepasi

sauna

sauna

balkon

vharanda repadenga

terras

uriri hwepadenga

zwembad

dziva rekushambira

grasmaaier

muchina wekuchekesa uswa

dekbedovertrek

jira

dekbed

chekufukidza mubhedha

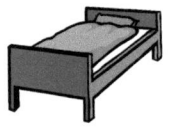

bed

mubhedha

bezem

bhurumu

emmer

bhaketi

schakelaar

suwichi

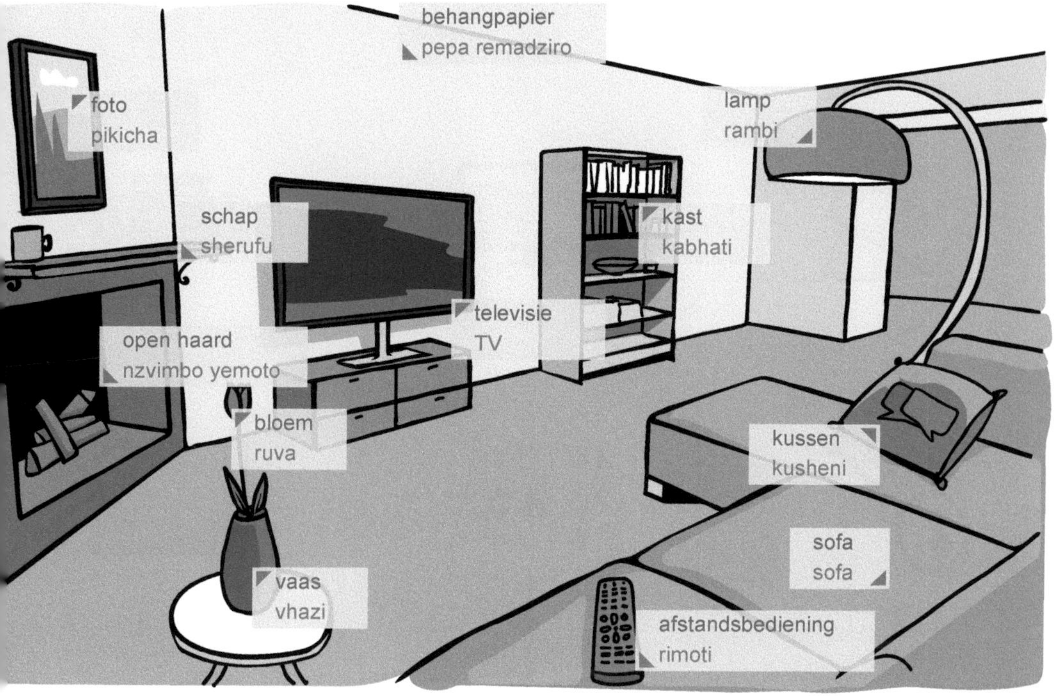

behangpapier
pepa remadziro

foto
pikicha

lamp
rambi

schap
sherufu

kast
kabhati

open haard
nzvimbo yemoto

televisie
TV

bloem
ruva

kussen
kusheni

sofa
sofa

vaas
vhazi

afstandsbediening
rimoti

mat
kapeti

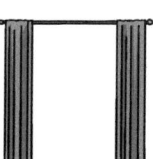

gordijn
keteni

tafel
tebhuru

stoel
cheya

schommelstoel
cheya inozeya

fauteuil
cheya ine pekuisa maoko

boek

bhuku

deken

gumbeze

decoratie

marongedzero

brandhout

huni

film

firimu

stereo-installatie

redhiyo yehi-fi

sleutel

kii

krant

pepanhau

schilderij

mufananidzo

poster

posita

radio

redhiyo

notitieboekje

pekunyorera

stofzuiger

muchina wekuhuvhisa

cactus

chinanazi

kaars

kenduru

keuken
kicheni

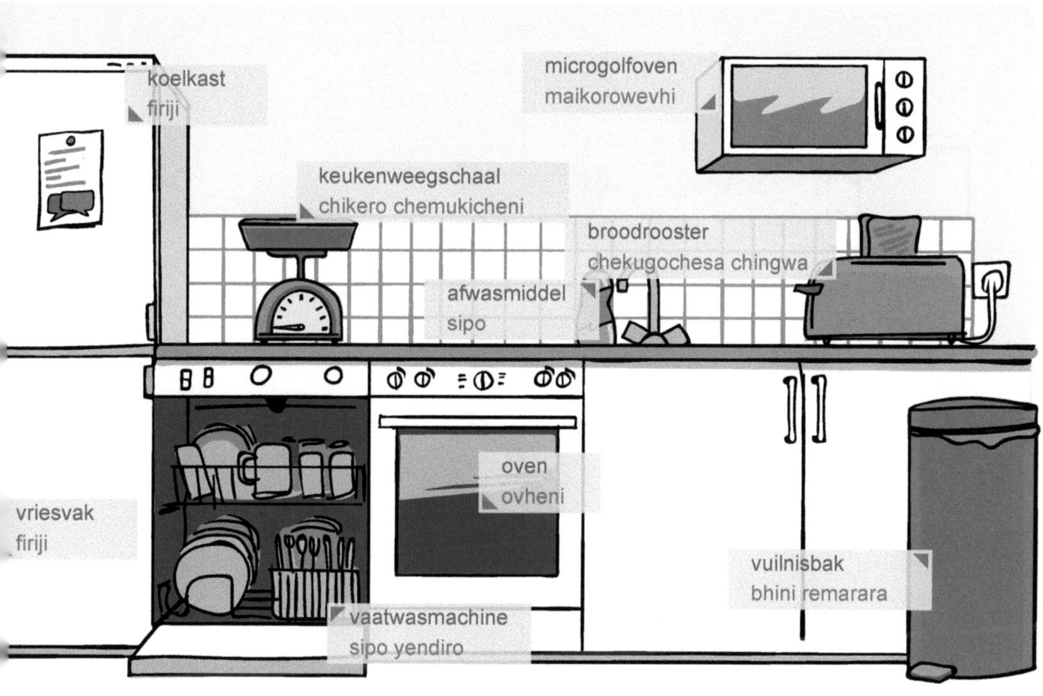

koelkast
firiji
microgolfoven
maikorowevhi
keukenweegschaal
chikero chemukicheni
broodrooster
chekugochesa chingwa
afwasmiddel
sipo
oven
ovheni
vriesvak
firiji
vuilnisbak
bhini remarara
vaatwasmachine
sipo yendiro

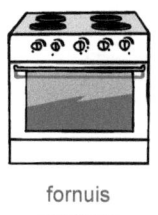

fornuis

chitofu

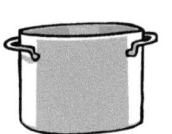

pot

poto

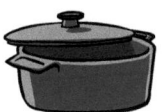

gietijzeren pot

poto yesimbi

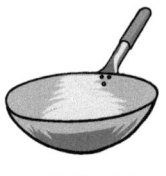

wok / kadai

wok / kadai

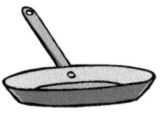

pan

pani

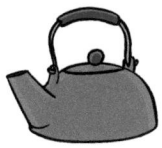

waterkoker

ketero

stoomkoker

chekubikisa neutsi hwemvura

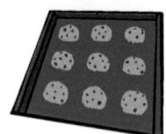

bakplaat

turei yekubhekesa

servies

ndiro

mok

kapu

kom

dishi

eetstokjes

tumiti twekudyisa

pollepel

chipunu

spatel

chipunu

garde

chekusanganisisa

vergiet

chekukunisa

zeef

chekukunisa

rasp

chekugiretesa

mortier

duri

barbecue

chiwaya

haardvuur

moto

snijplank
chekuchekera

deegrol
chekutsimbiririsa
mukanyiwa

kurkentrekker
chekuvhurisa mabhodhoro
ewaini

blik
tini

blikopener
chekuvhurisa tini

pannenlap
girovhosi rekubatisa
zvinopisa

gootsteen
singi

borstel
bhurasho

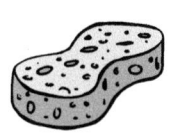

spons
chipanji

blender
chinosanganisa

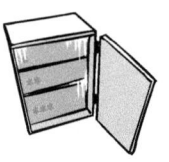

vriezer
firiji

papfles
bhodhoro remwana

kraan
pombi

badkamer
mekugezera

verwarming
chinodziisa mumba
handdoek
tauro
douche
shawa
douchegordijn
keteni remushawa
bubbelbad
mvura yekugeza ine furo
badkuip
mekugezera
glas
girazi
wasmachine
muchina wekuwachisa
kraan
pombi
tegels
mataira
kinderpo
chipoti chemwana
gootsteen
singi

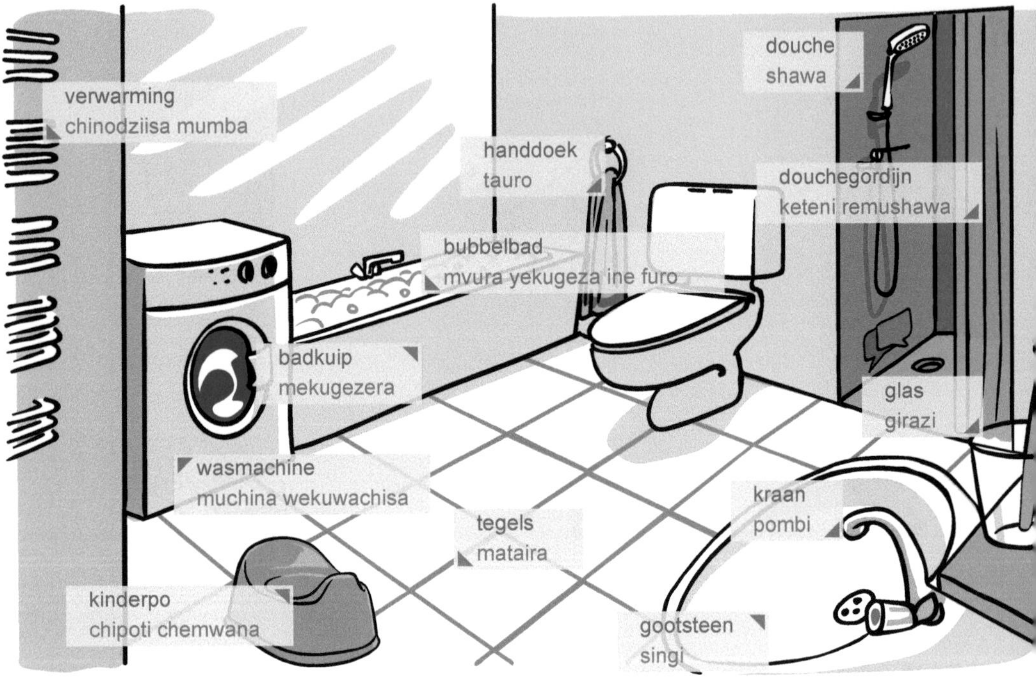

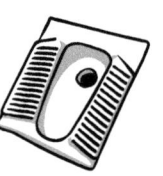

toilet

toireti

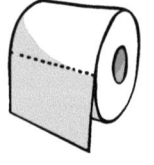

hurktoilet

toireti yegomba

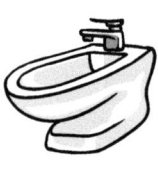

bidet

chemba

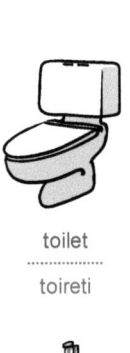

urinoir

chekuitira weti chevarume

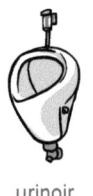

toiletpapier

pepa remutoireti

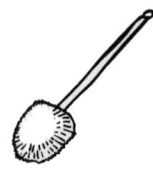

toiletborstel

bhurasho remutoireti

tandenborstel

bhurasho remazino

tandpasta

mushonga wemazino

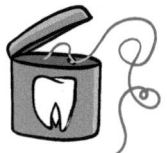

flosdraad

tambo yekugezesa mazino

wassen

kugeza

handdouche

shawa yekuita zvekubata

bidethanddouche

douche

waskom

bheseni

rugborstel

bhurasho remusoro

zeep

sipo

douchegel

o yekugezesa mushawa

shampoo

shambuu

washandje

chekugezesa

afvoer

dhireni

crème

mafuta

deodorant

chinonhuwirira

spiegel

girazi

handspiegel

girazi remumaoko

scheermes

chekugeresa ndebvu

scheerschuim

furo rekugeresa ndebvu

aftershave

mafuta ekuzora wagera
ndebvu

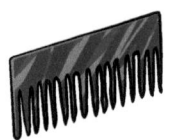

kam

kamu

borstel

bhurasho

haardroger

chekuomesa bvudzi

haarlak

mushonga wekupfapfaidza
musoro

make-up

zvekupodesa

lippenstift

chekupendesa muromo

nagellak

chekupendesa nzara

watten

donje

nagelknipper

chigero chenzara

parfum

pefiyumu

toilettas

bhegi rezvekugezesa

kruk

chituro

weegschaal

chikero

badjas

bathrobe

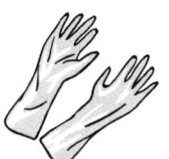

latex handschoenen

magirovhosi erabha

tampon

tampon

maandverband

pedhi

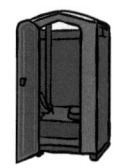

chemisch toilet

toireti inotakurwa

kinderkamer
imba yemwana

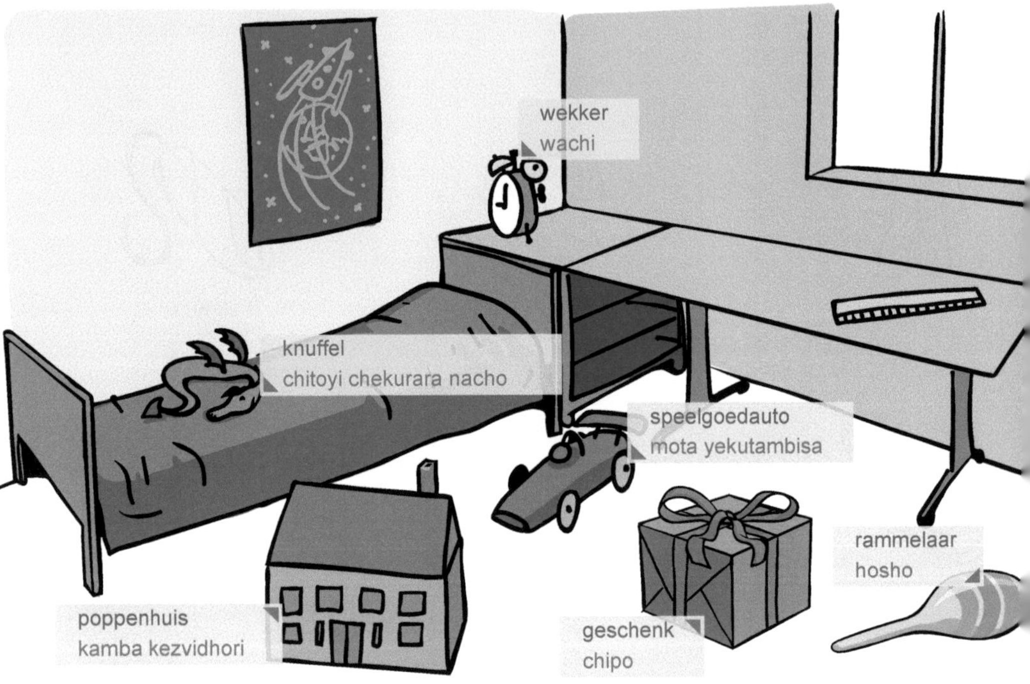
wekker
wachi
knuffel
chitoyi chekurara nacho
speelgoedauto
mota yekutambisa
rammelaar
hosho
poppenhuis
kamba kezvidhori
geschenk
chipo

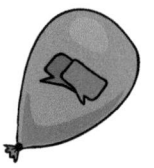

ballon

chibharuma

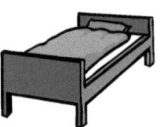

bed

mubhedha

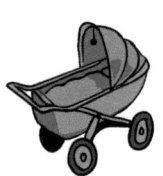

kinderwagen

purema

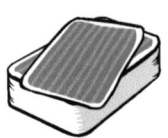

spel kaarten

makadhi ekutamba

puzzel

puzzle

SUPER MEGA

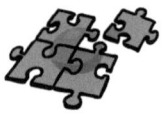

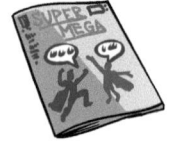

stripboek

makatuni ekuverenga

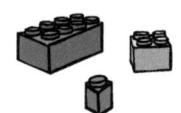

legoblokjes

zvekuvakisa zvinhu

blokken

mabhuroko ekuvakisa

actiefiguur

chidhori

kruippakje

babygrow

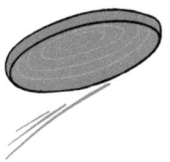

frisbee

chekutambisa uchikanda

mobiel

zvekuvaraidza mwana

bordspel

gemu rinotambirwa pabhodhi

dobbelsteen

dhaisi

modelspoorweg

zvitima zvekutambisa

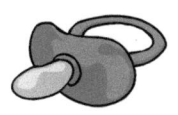

fopspeen

chidhami

feest

mabiko

prentenboek

bhuku remapikicha

bal

bhora

pop

chidhori

spelen

kutamba

zandbak

majecha ekutambira

schommel

muzeerere

speelgoed

zvekutambisa

spelconsole

chekutambisa magemu emavhidhiyo

driewieler

kabhasikoro kemavhiri matatu

knuffelbeer

teddy bear

kleerkast

wadhiropu

kleding
zvipfeko

sokken

masokisi

kousen

masokisi

maillot

matirauzi anobata muviri

sjaal
sikavha

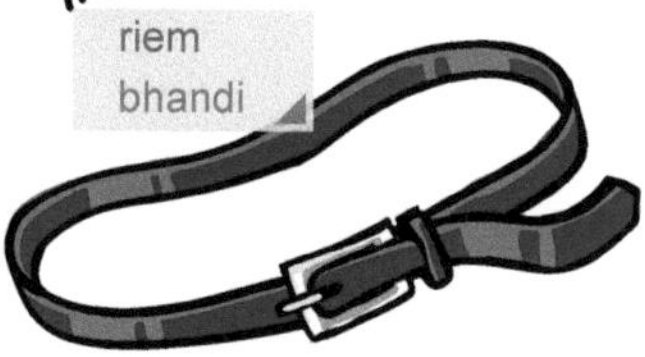

riem
bhandi

paraplu
amburera

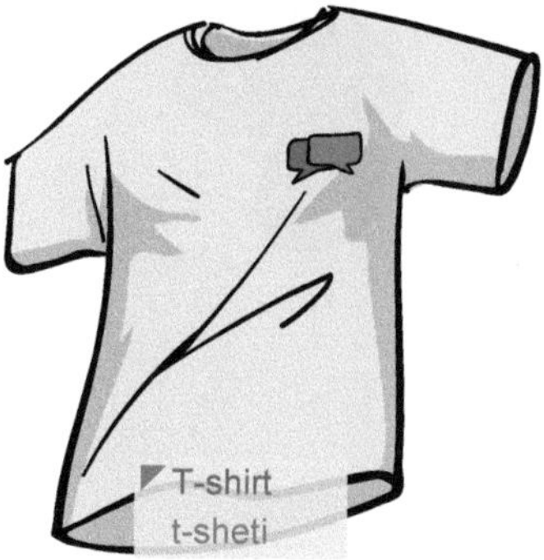

T-shirt
t-sheti

sneakers
bhutsu

laarzen
majombo

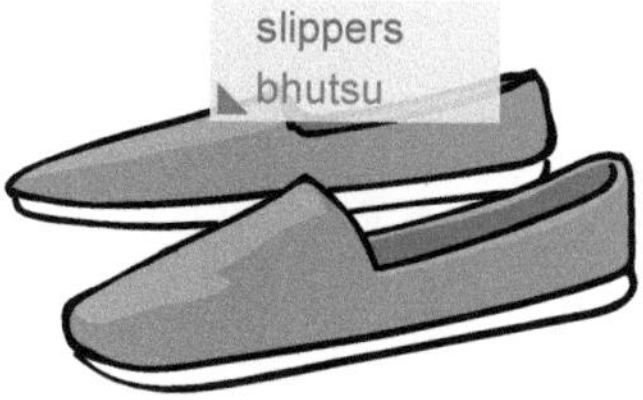

slippers
bhutsu

sandalen
masanduru

schoenen
bhutsu

rubberlaarzen
magambutsu

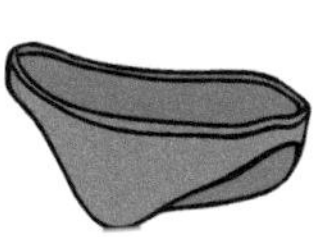

onderbroek
nduwe

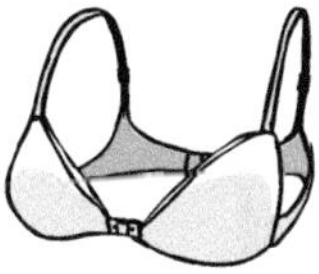

beha
bhodhi

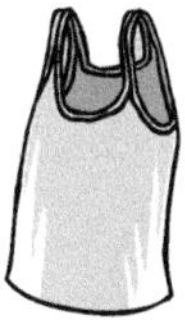

onderhemd
vhesi

lichaam

muviri

broek

tirauzi

jeans

jini

rok

siketi

blouse

bhurauzi

hemd

hembe

trui

bhachi

capuchontrui

chibhachi

blazer

bhachi

jas

bhachi

jas

jasi

regenjas

renikoti

kostuum

koshitomu

jurk

dhirezi

trouwjurk

dhirezi remuchato

pak
sutu

nachthemd
hembe yekurarisa

pyjama
mapijama

sari
chari

hoofddoek
headscarf

tulband
heti

boerka
burqa

kaftan
kaftan

abaya
abaya

badpak
hembe yekutuhwinisa

zwembroek
chikabudura

short
chikabudura

trainingspak
tirekisutu

schort
apuroni

handschoenen
magirovhosi

knoop

bhatani

bril

magirazi

armband

bhenguru

ketting

chuma

ring

rin'i

oorbel

mhete

pet

kepisi

kapstok

hen'a

hoed

heti

das

tai

rits

zipi

helm

herumeti

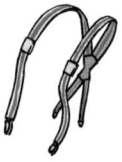

bretellen

mabhandi

schooluniform

yunifomu yekuchikoro

uniform

yunifomu

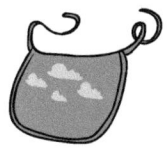

slabbetje

chibhibhi

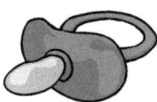

fopspeen

chidhami

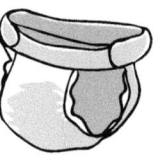

luier

napukeni

kantoor
hofisi

server
server
dossierkast
kabhineti
printer
muchina wekuprindisa
papier
pepa
monitor
sikirini
muis
mouse
bureau
tafura
map
fayera
toestenbord
keyboard
papiermand
bhini remapepa
computer
kombiyuta
stoel
cheya

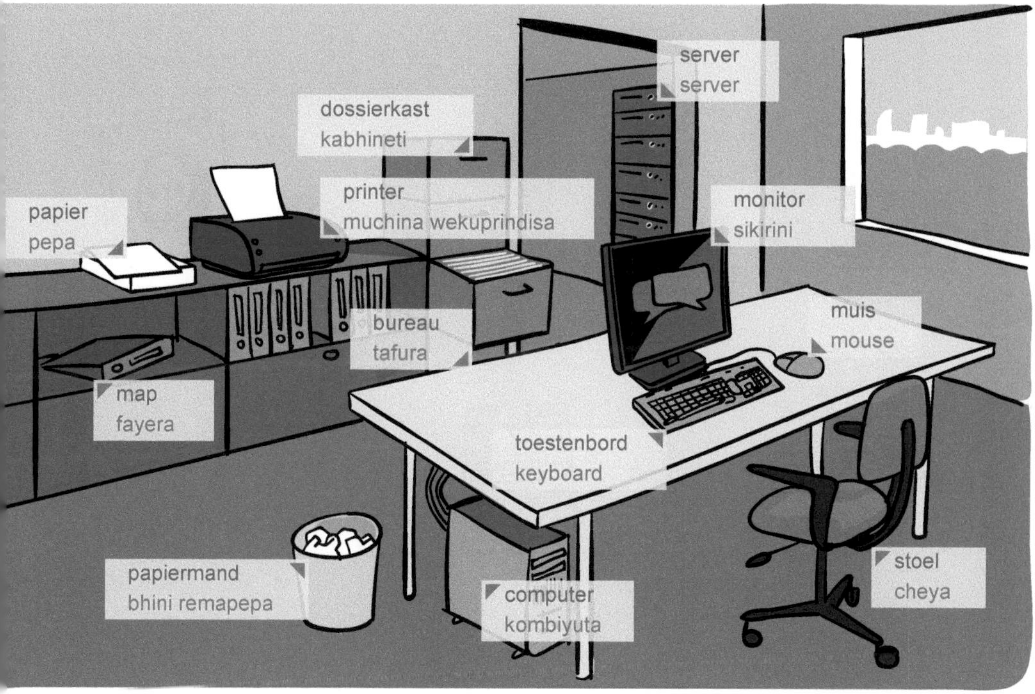

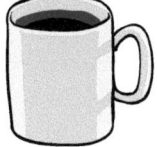

koffiemok

kapu yekofi

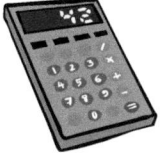

rekenmachine

kakureta

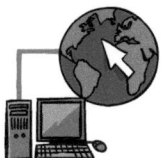

internet

indaneti

laptop
laptop

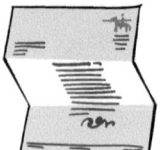

brief
tsamba

bericht
tsamba

gsm
serura

netwerk
network

kopieerapparaat
muchina wekufotokopesa

software
software

telefoon
foni

stopcontact
pekupfekera magetsi

fax
muchina wefax

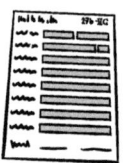

formulier
fomu

document
gwaro

kopen
kutenga

betalen
kubhadhara

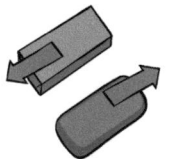

handelen
kutengesa

geld
mari

USD

dollar
Dhora

EUR

euro
Euro

JPY

yen
Yen

RUB

roebel
rouble

CHF

Zwitserse frank
Swiss franc

CNY

Chinese renminbi
renminbi yuan

INR

roepie
rupee

geldautomaat
panobhadharwa

wisselkantoor

panochinjwa mari

goud

goridhe

zilver

sirivha

olie

mafuta

energie

magetsi

prijs

mutengo

contract

chibvumirano

belasting

mutero

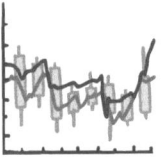

aandeel

masitoku

werken

kushanda

werknemer

mushandi

werkgever

mushandirwi

fabriek

fekitari

winkel

chitoro

politieagent
mupurisa

brandweerman
mudzimi wemoto

kok
mubiki

dokter
chiremba

piloot
mutyairi wendege

tuinman
ushandı wemugadheni

timmerman
muvezi

naaister
mukadzi anosona

rechter
mutongi

chemicus
anoita zvemishonga

acteur
ekita

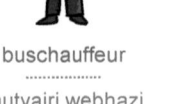

buschauffeur

mutyairi webhazi

taxichauffeur

mutyairi wetaxi

visser

muredzi

schoonmaakster

mudzimai anochenesa

dakdekker

anogadzira denga

ober

hweta

jager

muvhimi

schilder

anopenda

bakker

mubiki wechingwa

elektricien

mugadziri wemagetsi

bouwvakker

muvaki

ingenieur

injiniya

slager

mushandi wemubhucha

loodgieter

puramba

postbode

positimeni

soldaat

musoja

architect

anoita mapurani edzimba

kassier

mutengesi

bloemist

mugadziri wemaruva

kapper

mugadziri wemusoro

conducteur

kondakita

mecanicien

makanika

kapitein

kaputeni

tandarts

chiremba wemazino

wetenschapper

musayindisti

rabbijn

rabbi

imam

imam

monnik

mumonk

geestelijke

mufundisi

werktuigen
maturusi

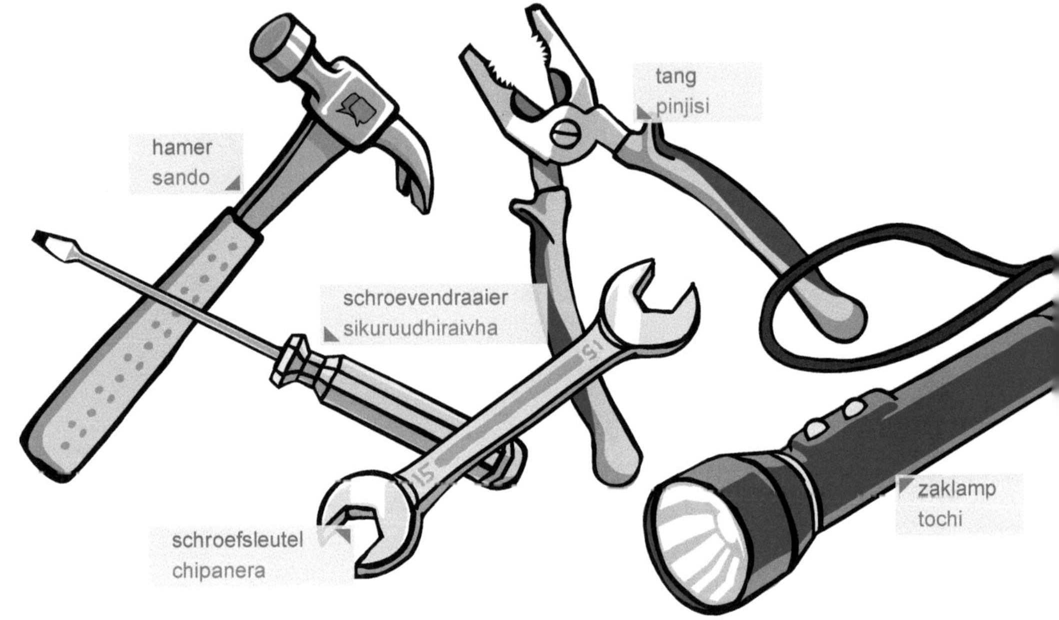

hamer
sando
tang
pinjisi
schroevendraaier
sikuruudhiraivha
schroefsleutel
chipanera
zaklamp
tochi

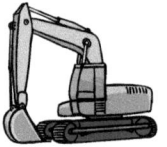

graafmachine

chikatapira

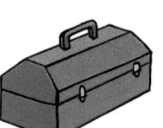

gereedschapskoffer

bhokisi rematurusi

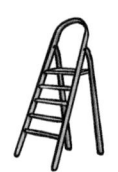

ladder

manera

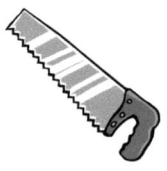

zaag

saha

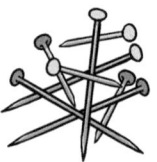

spijkers

zvipikiri

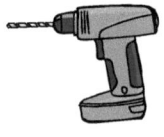

boormachine

chibooreso

repareren

kugadzira

schop

foshoro

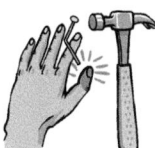

Verdomme!

Nxa!

blik

chidyoreso

verfpot

gaba rependi

schroeven

masikuruu

muziekinstrumenten
zviridzwa

luidspreker
sipika

drumstel
ngoma dzakasiyana-siyana

gitaar
gitare

contrabas
chiridzwa chebhesi

trompet
bhosvo

piano

piyano

viool

violin

basgitaar

gitare rebhesi

pauk

ngoma

trommels

ngoma

keyboard

piyano yemagetsi

saxofoon

saxophone

fluit

nyere

microfoon

maikorofoni

munochengeterwa mhuka

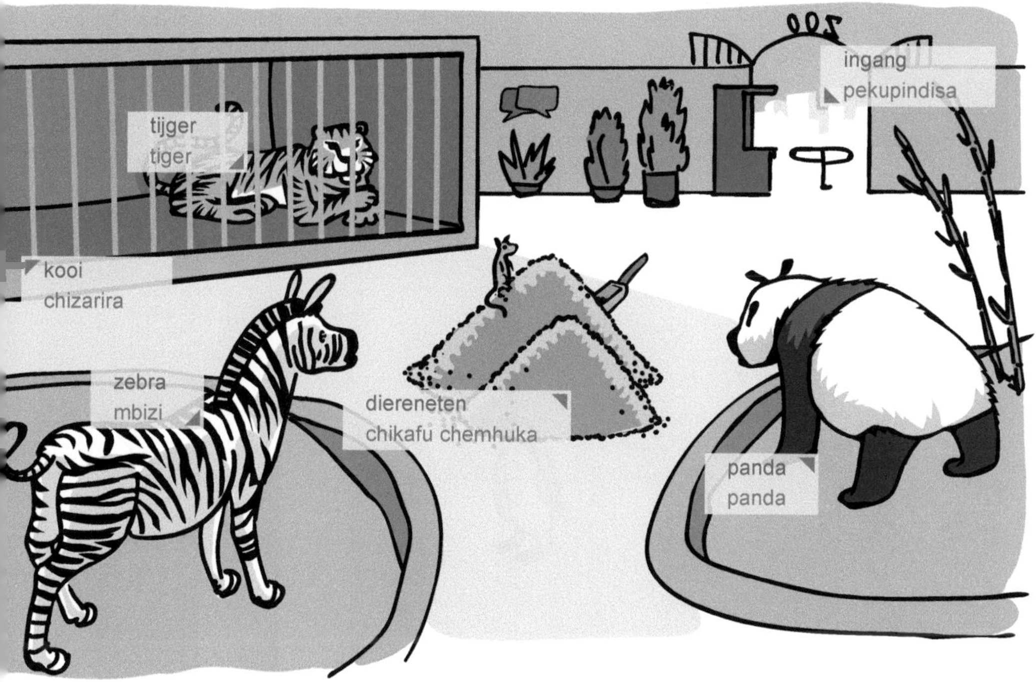

ingang
pekupindisa

tijger
tiger

kooi
chizarira

zebra
mbizi

diereneten
chikafu chemhuka

panda
panda

dieren

mhuka

olifant

nzou

kangoeroe

kangaruru

neushoorn

chipembere

gorilla

gorilla

beer

bear

kameel

ngamera

struisvogel

mhou

leeuw

shumba

aap

tsoko

flamingo

flamingo

papegaai

parrot

ijsbeer

bear rekuchando

pinguïn

penguin

haai

shark

pauw

pikoko

slang

nyoka

krokodil

garwe

dierenverzorger

muchengeti wenzvimbo
yemhuka

zeehond

seal

jaguar

jaguar

pony

nyurusi

luipaard

ingwe

nijlpaard

mvuu

giraffe

twiza

adelaar

gondo

wild zwijn

nguruve yemusango

vis

hove

zeeschildpad

kamba

walrus

walrus

vos

gava

gazelle

nhoro

rugby
bhora rekuAmerica

wielrennen
kuchovha

tennis
tenisi

basketbal
bhora rebhasiketi

zwemmen
kutuhwina

boksen
tsiva

ijshockey
hockey yemuchando

voetbal
nhabvu

badminton
badminton

atletiek
zvekumhanya

handbal
bhora remaoko

skiën
kuita ski

polo
polo

lachen
kuseka

springen
kusvetuka

knuffelen
kumbundira

wandelen
kufamba

zingen
kuimba

dromen
kurota

bidden
kunyengetera

kussen
kutsvoda

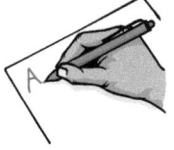

schrijven

nyora

tekenen

kudhirowa

tonen

kuratidza

duwen

kusunda

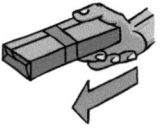

geven

kupa

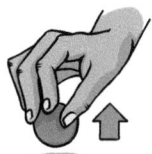

nemen

kutora

hebben

kuva ne

doen

kuita

zijn

kuva

staan

kumira

lopen

kumhanya

trekken

kudhonza

gooien

kukanda

vallen

kudonha

liggen

kurara

wachten

kumirira

dragen

kutakura

zitten

kugara

aankleden

kupfeka

slapen

kurara

ontwaken

kumuka

kijken naar

kutarisa

wenen

kuchema

aaien

kupuruzira

kammen

kukama

praten

kutaura

begrijpen

kunzwisisa

vragen

kubvunza

luisteren

kuteerera

drinken

kunwa

eten

kudya

opruimen

kuchenesa

houden van

kuda

koken

kubika

rijden

kutyaira

vliegen

kubhururuka

zeilen

kufambiswa nemhepo

rekenen

kakureta

Lezen

kuverenga

leren

kudzidza

werken

kushanda

trouwen

kuroora / kuroorwa

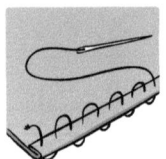

naaien

kusona

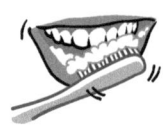

tandenpoetsen

kukwesha mazino

doden

kuuraya

roken

kuputa

sturen

kutumira

familie
mhuri

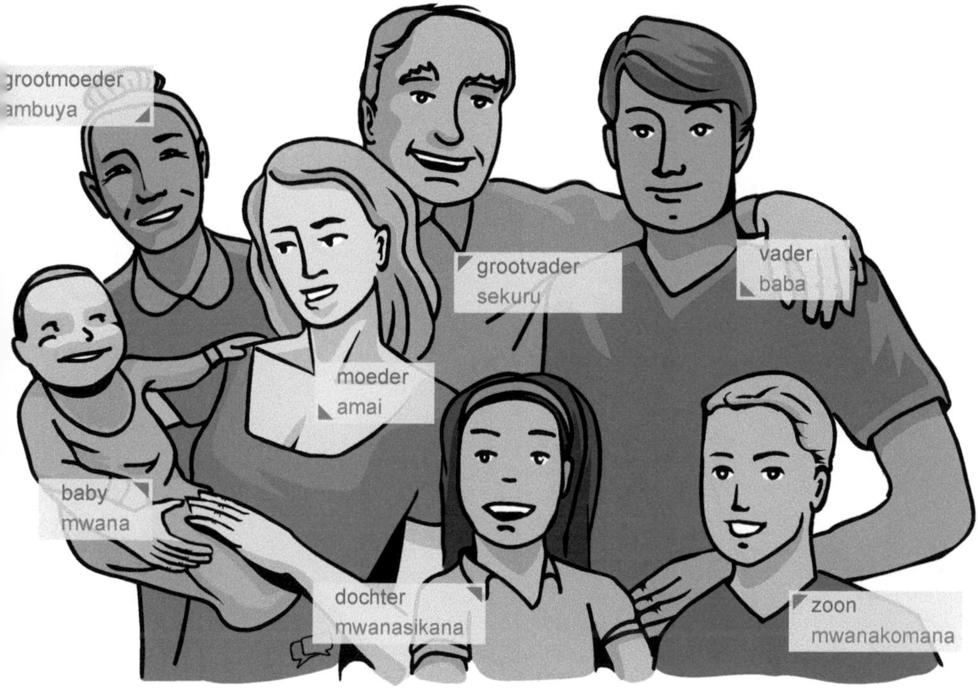

grootmoeder
ambuya
grootvader
sekuru
vader
baba
moeder
amai
baby
mwana
dochter
mwanasikana
zoon
mwanakomana

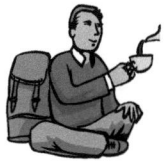

gast
muenzi

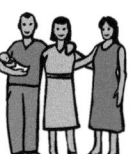

tante
tete

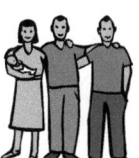

oom
sekuru

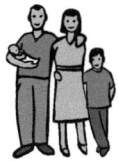

broer
hanzvadzikomana

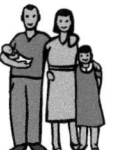

zus
hanzvadzisikana

lichaam
muviri

voorhoofd
huma
oog
ziso
gezicht
chiso
kin
chirebvu
borst
chipfuva
vinger
munwe
hand
ruoko
arm
ruoko
schouder
bendekete
been
gumbo

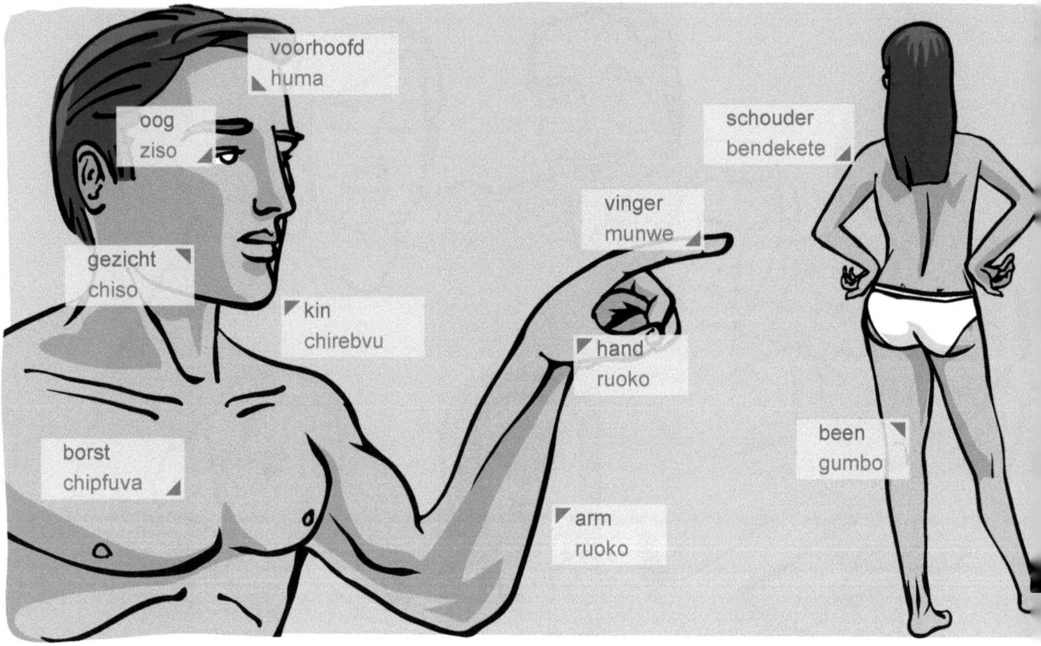

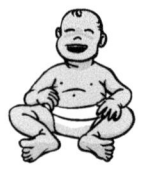

baby
mwana

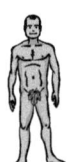

man
murume

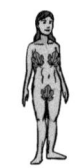

vrouw
mukadzi

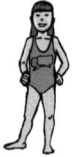

meisje
musikana

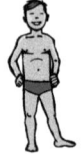

jongen
mukomana

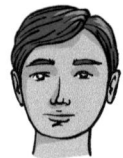

hoofd
musoro

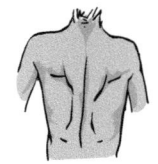

rug
musana

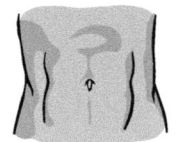

buik
dumbu

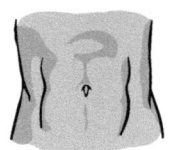

navel
guvhu

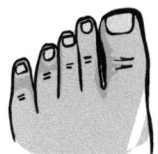

teen
chigunwe

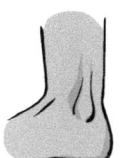

hiel
chitsitsinho

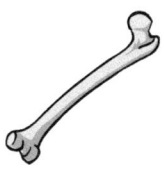

bot
bhonzo

heup
hudyu

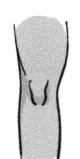

knie
ibvi

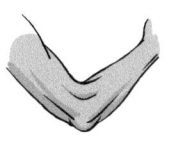

elleboog
gokora

neus
mhino

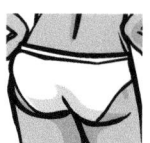

zitvlak
garo

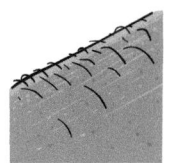

huid
ganda

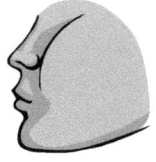

wang
dama

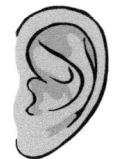

oor
nzeve

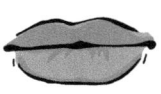

lip
muromo

mond
mukanwa

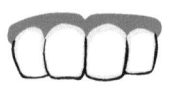

tand
zino

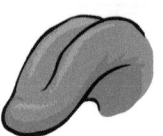

tong
rurimi

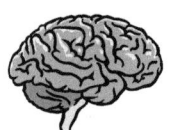

hersenen
uropi

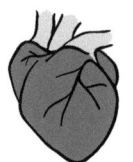

hart
mwoyo

spier
tsandanyama

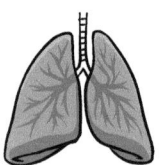

long
bapu

lever
chitaka

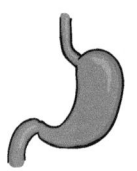

maag
dumbu

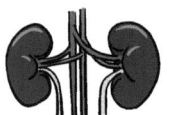

nieren
itsvo

seks
kuita bonde

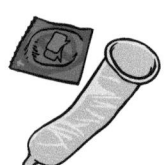

condoom
kondomu

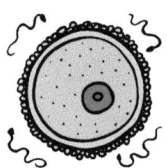

eicel
zai

sperma
urume

zwangerschap
nhumbu

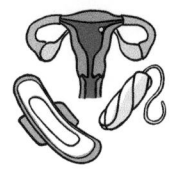

menstruatie
....
kuenda kumwedzi

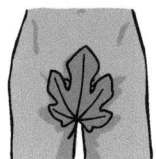

vagina
....
sikarudzi

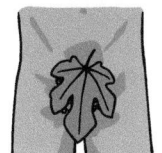

penis
....
mboro

wenkbrauw
....
tsiye

haar
....
bvudzi

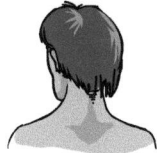

nek
....
mutsipa

ziekenhuis
chipatara

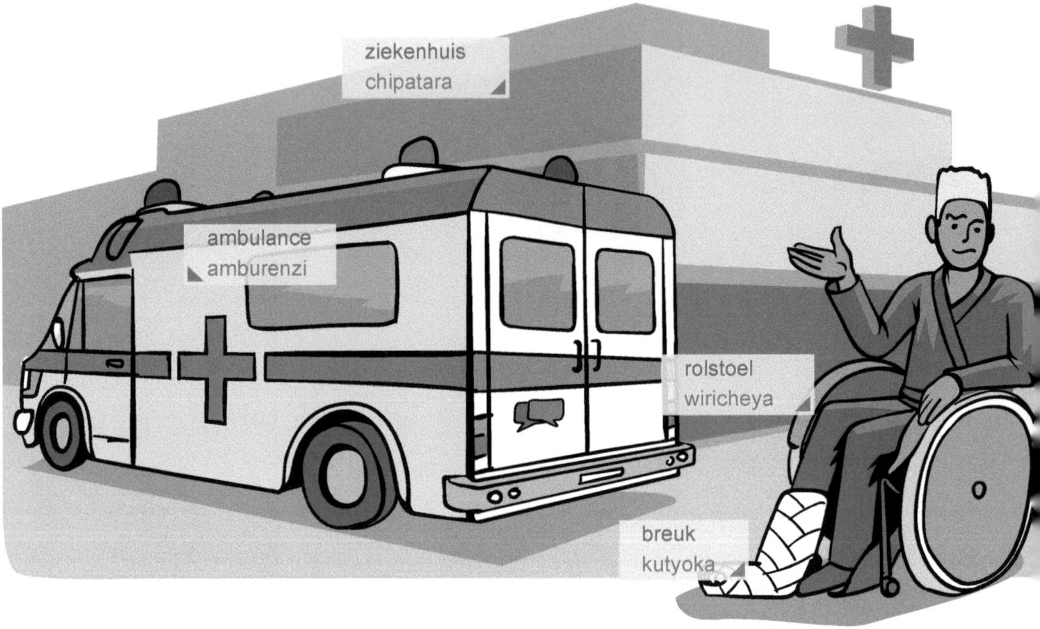

ziekenhuis
chipatara
ambulance
amburenzi
rolstoel
wiricheya
breuk
kutyoka

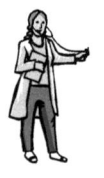

dokter

chiremba

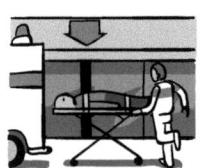

spoed

imba yerubatsiro

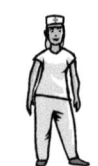

verpleegkundige

nesi

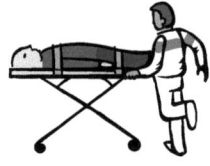

noodgeval

zvekukurumidza

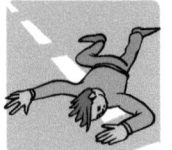

bewusteloos

kufenda

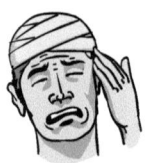

pijn

rwadza

verwonding
kukuvara

bloeding
kubuda ropa

hartaanval
kuerekana mwoyo
usisashandi

beroerte
kuoma rutivi

allergie
zvinorwarisa

hoest
chikosoro

koorts
fivha

griep
furuu

diarree
manyoka

hoofdpijn
kutemwa nemusoro

kanker
mhuka

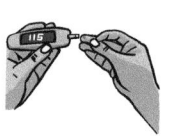

diabetes
chirwere cheshuga

chirurg
muvhiyi

scalpel
kabanga keoparesheni

operatie
oparesheni

CT

CT

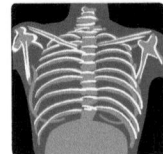

röntgenstraal

x-ray

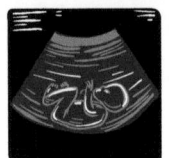

ultrageluid

ultrasound

gezichtsmasker

chekuvharisa mhino nemuromo

ziekte

chirwere

wachtkamer

mekumirira kurapiwa

kruk

chidhondoro

pleister

purasita

verband

bhandiji

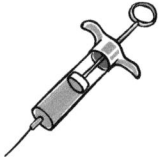

injectie

jekiseni

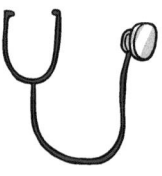

stethoscoop

chekuteerera nacho mukati

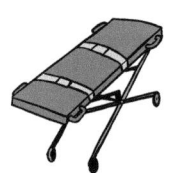

brancard

kamubhedha kemurwere

thermometer

chekutoresa nacho tembiricha

geboorte

kuzvara

overgewicht

kufuta

hoorapparaat

chekubatsira kunzwa

ontsmettingsmiddel

mushonga unouraya
utachiona

infectie

utachiona

virus

vhairasi

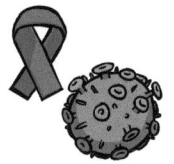

HIV / AIDS

HIV / AIDS

medicijn

mushonga

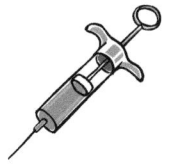

vaccinatie

kudzivirira zvirwere

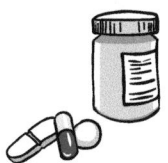

tabletten

mapiritsi

pil

piritsi

noodoproep

fonera rubatsiro ipapo
ipapo

bloeddrukmeter

muchina wekuyeresa BP

ziek / gezond

kurwara / kugwinya

Help!

Maiwe!

alarm

bhero

overval

kurwisa

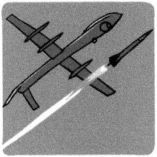

aanval

kurwisa

gevaar

ngozi

nooduitgang

pekupuda napo zvechimbi-chimbi

Brand!

Moto!

brandblusser

chekudzimisa moto

ongeval

tsaona

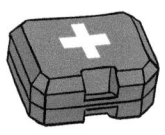

EHBO-kit

zvinhu zvefirst aid

SOS

SOS

politie

mapurisa

Europa

Europe

Noord-Amerika

Kuchamhembe kweAmerica

Zuid-Amerika

Kumaodzanyemba
kweAmerica

Afrika

Africa

Azië

Asia

Australië

Australia

Atlantische Oceaan

Atlantic

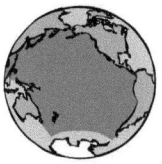

Stille Oceaan

Pacific

Indische Oceaan

Nyanza yeIndia

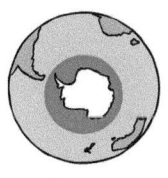

Antarctische Oceaan

Nyanza yeAntarctic

Arctische Oceaan

Nyanza yeArctic

Noordpool

Kuchamhembe

Zuidpool

Kumaodzanyemba

Antarctica

Antarctica

aarde

Nyika

land

nyika

zee

gungwa

eiland

chitsuwa

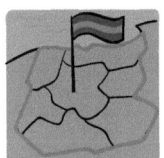

natie

nyika

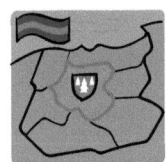

staat

nyika

wijzerplaat

wachi

uurwijzer

chinongedza awa

minuutwijzer

chinongedza miniti

secondewijzer

inongedza masekondi

Hoe laat is het?

Inguvai?

dag

zuva

tijd

nguva

nu

izvozvi

digitale horloge

wachi yemanhamba

minuut

miniti

uur

awa

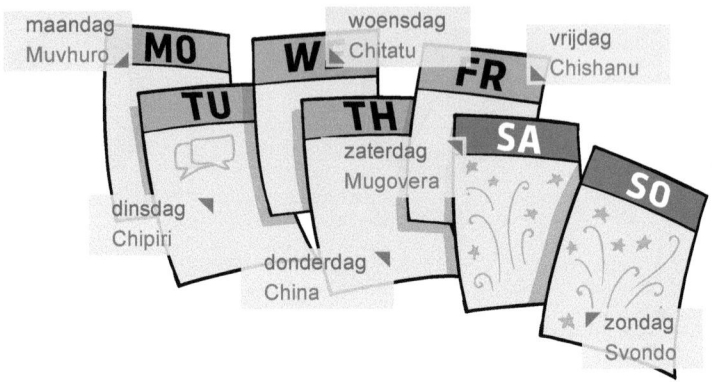

maandag — Muvhuro
woensdag — Chitatu
vrijdag — Chishanu
dinsdag — Chipiri
zaterdag — Mugovera
donderdag — China
zondag — Svondo

gisteren
nezuro

vandaag
nhasi

morgen
mangwana

ochtend
mangwanani

middag
masikati

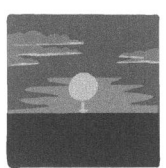

avond
manheru

werkdagen
mazuva ebasa

weekend
kupera kwevhiki

jaar

gore

regen
mvura
regenboog
muraraungu
sneeuw
chando
wind
mhepo
lente
chirimo
herfst
matsutso
zomer
zhizha
winter
chando

4.APRIL 11°
5.APRIL 4°
6.APRIL 13°
7.APRIL 8°
8.APRIL 10°

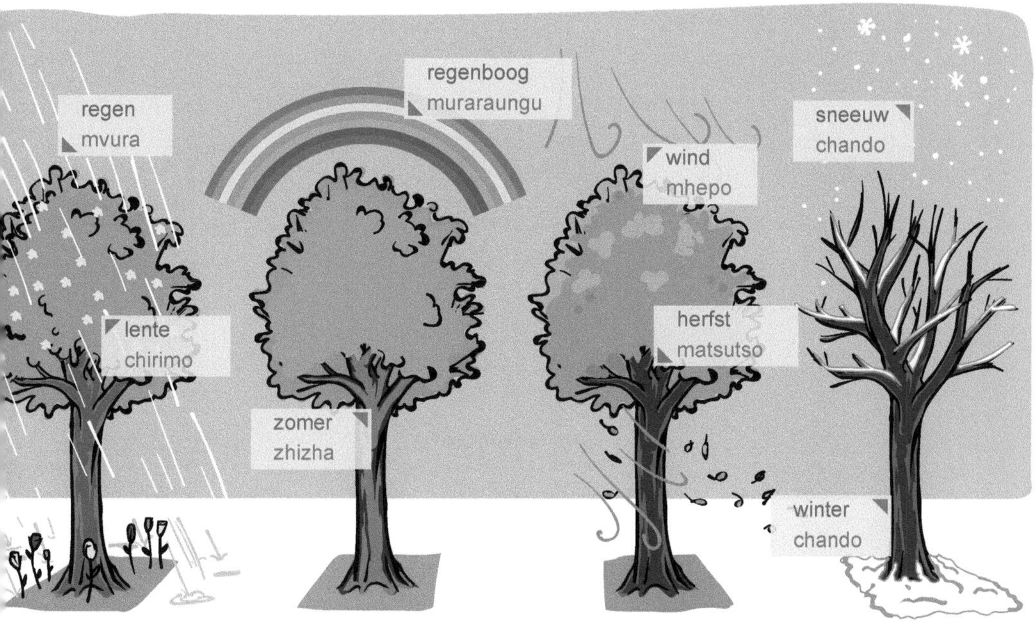

weervoorspelling

mamiriro ekunze anofungidzirwa

F
C
120
90
60
30
0
-30
40
30
20
10
0
-10
-20

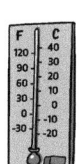

thermometer

chekutoresa tembiricha

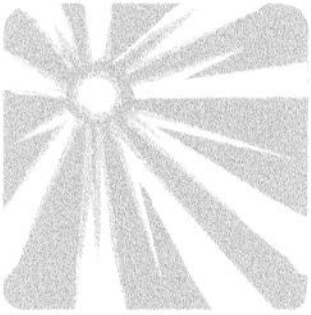

zonneschijn

zuva

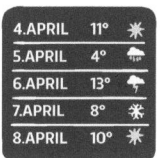

wolk

makore

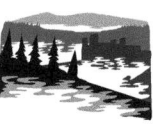

mist

mhute

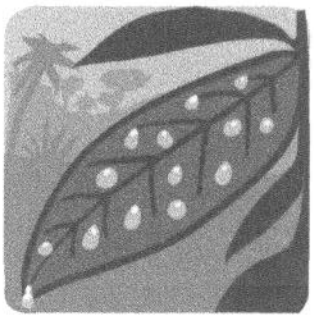

vochtigheid

hunyoro

bliksem

mheni

donder

kutinhira

storm

dutu

hagel

chivhuramabwe

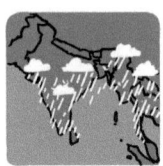

moesson

mhepo ine mvura

overstroming

mafashamo

ijs

mazaya echando

januari

Ndira

februari

Kukadzi

maart

Kurume

april

Kubvumbi

mei

Chivabvu

juni

Chikumi

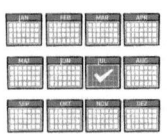

juli

Chikunguru

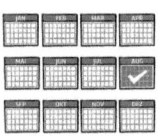

augustus

Nyamavhuvhu

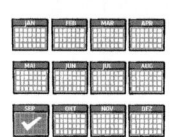

september
....
Gunyana

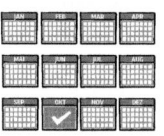

oktober
....
Gumiguru

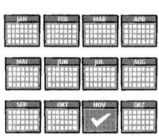

november
....
Mbudzi

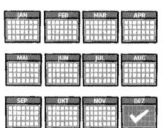

december
....
Zvita

vormen

mashepu

cirkel
....
denderedzwa

kwadraat
....
sikweya

rechthoek
....
rectangle

driehoek
....
triangle

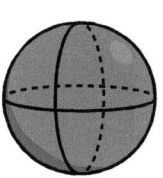

bol
....
bhora

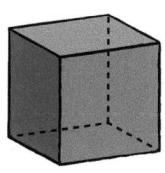

kubus
....
bhokisi

wit

chena

geel

yero

oranje

orenji

roze

pingi

rood

tsvuku

paars

pepuru

blauw

bhuruu

groen

girini

bruin

kaki

grijs

gireyi

zwart

nhema

veel / weinig

akawanda / zvishoma

boos / kalm

hasha / dzikama

mooi / lelijk

naka / shata

begin / einde

kutanga / kuguma

groot / klein

hombe / diki

licht / donker

jeka / rima

broer / zus

hanzvadzikomana /
hanzvadzisikana

proper / vuil

chena / sviba

volledig / onvolledig

kwana / kusakwana

dag / nacht

masikati / usiku

dood / levend

yakafa / mhenyu

breed / smal

pamhamha / tetepa

eetbaar / oneetbaar

unodyiwa / haudyiwi

kwaadaardig / vriendelijk

utsinye / mutsa

opgewonden / verveeld

kunakidzwa / kufinhwa

dik / dun

kobvuka / tetepa

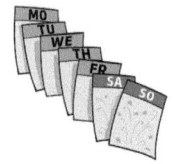

eerst / laatst

kutanga / kupedzisira

vriend / vijand

shamwari / muvengi

vol / leeg

rakazara / hairina kuzara

hard / zacht

oma / pfava

zwaar / licht

rema / reruka

honger / dorst

nzara / nyota

ziek / gezond

kurwara / kugwinya

illegaal / legaal

zvisiri pamutemo / zviri
pamutemo

intelligent / dom

kungwara / kupusa

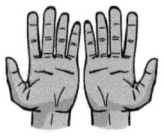

links / rechts

ruboshwe / rudyi

dichtbij / veraf

pedyo / kure

nieuw / gebruikt

matsva / matsaru

niets / iets

hapana / chiripo

oud / jong

kuru / duku

aan / uit

batidza/dzima

open / dicht

vhurika / vharika

stil / luid

nyarara / ruzha

rijk / arm

mupfumi / murombo

juist / fout

chakanaka / chakaipa

ruw / glad

kukasharara /
kutsvedzerera

droevig / blij

kusuwa / kufara

kort / lang

pfupi / refu

traag / snel

nonoka / kurumidza

nat / droog

nyoro / oma

warm / koud

dziya / tonhora

oorlog / vrede

hondo / rugare

manhamba

0

nul

zero

1

één

potsi

2

twee

piri

3

drie

tatu

4

vier

ina

5

vijf

shanu

6

zes

nhanhatu

7

zeven

nomwe

8

acht

sere

9

negen

pfumbamwe

10

tien

gumi

11

elf

gumi neimwe

12

twaalf

gumi nembiri

13

dertien

gumi netatu

14

veertien

gumi neina

15

vijftien

gumi neshanu

16

zestien

gumi nenhanhatu

17

zeventien

gumi nenomwe

18

achtien

gumi nesere

19

negentien

gumi nepfumbamwe

20

twintig

makumi maviri

100

honderd

zana

1.000

duizend

chiuru

1.000.000

miljoen

miriyoni

Engels

Chirungu

Amerikaans Engels

Chirungu chekuAmerica

Chinees (Mandarijn)

Mandarin yekuChina

Hindi

ChiHindi

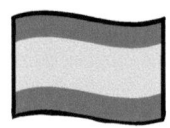

Spaans

ChiSpanish

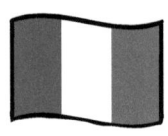

Frans

ChiFrench

Arabisch

ChiArabic

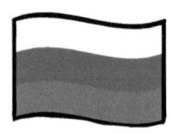

Russisch

ChiRussian

Portugees

ChiPortuguese

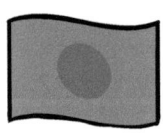

Bengali

ChiBengali

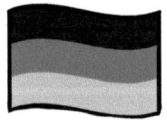

Duits

ChiGerman

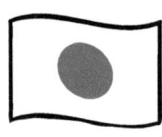

Japans

ChiJapanese

ik

ini

u

iwe / imi

hij / zij / het

iye

wij

isu

u

imi

ze

ivo

wie?

ani?

wat?

chii?

hoe?

sei?

waar?

kupi?

wanneer?

riini?

naam

zita

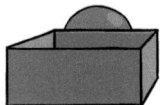

achter

seri

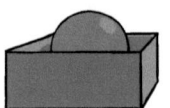

in

mukati

voor

pamberi

boven

nepamusoro

op

pamusoro

onder

pasi

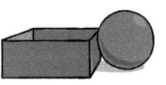

naast

divi

tussen

pakati

plaats

nzvimbo